L. n. 10189.

AF266346

MARIE-JOSEPH CHÉNIER

ET

LE PRINCE DES CRITIQUES

PAR FÉLIX PYAT.

DON.
N° 6778.

Prix : 15 cent,

PARIS.

CHEZ LERICHE, LIBRAIRE-ÉDITEUR, COMMISSIONNAIRE,

POUR LA FRANCE ET L'ÉTRANGER,

Place de la Bourse, 13,

ET CHEZ TOUS LES MARCHANDS DE NOUVEAUTÉS.

—

1844

MARIE-JOSEPH CHÉNIER

ET

LE PRINCE DES CRITIQUES.

Il manquait à la gloire de Chénier d'être insulté par un certain critique. Ce complément d'ovation, ce comble, cet excès d'honneur étaient dus au poète de la Révolution. L'homme d'une vie si malheureuse avait bien droit à cette récompense après sa mort. Au milieu du triomphe décerné à l'auteur de *Tibère*, de ce triomphe posthume dont le char était vide, hélas! au milieu des bravos du public, des louanges de la presse, de l'admiration de tous, une voix, une seule voix discordante et fausse devait constater l'unanimité du concert en le troublant; il fallait l'insulteur au triomphe, même quand manquait le triomphateur. Non, le respect de cette fête décernée à une ombre, de cet hommage rendu à la mémoire d'un homme de vertu et de génie, n'a point retenu la verve du bouffon triomphal. La mort n'a fait que l'exciter davantage : il n'avait plus rien à craindre de César. Non, la majesté des morts, je dis des plus obscurs, celle qui fait saluer au passant le moindre cercueil, n'a point désarmé cette haine de toute vertu, cette envie de toute gloire, ce désespoir de toute grandeur, qui enrage les Zoïles contre les poètes, les eunuques contre les femmes, les valets du camp contre le char où ils ne monteront jamais. Le critique a insulté l'auteur de *Tibère* jusque dans la tombe.

Si un esprit au monde devait être haï, envié, dénigré par cet écrivain, c'était assurément Marie-Joseph Chénier. Je demande pardon de rapprocher ces deux hommes; ce sont deux antipodes, les deux contraires, les deux extrêmes; ce n'est qu'à ce titre qu'ils se touchent.

Chénier est l'homme de lettres par excellence, qui puisa son génie dans son cœur, son inspiration dans sa vertu, son talent dans sa foi; l'homme esclave de sa pensée, fidèle à ses principes, rivé à sa religion, qui n'eut qu'un culte toute sa vie, le devoir; qu'un amour, la liberté; qu'une haine, la tyrannie; qu'un seul parti, la France; l'homme antique, stable, immuable et *impavide* d'Horace, que n'ébranlèrent ni les séductions, ni les menaces, ni la disgrâce, ni la faveur, toujours le même quand tout changeait autour de lui; toujours debout sur les débris de son univers; toujours républicain, aussi bien sous l'Empire que sous Louis XVI, et mort enfin tel qu'il avait vécu, dans sa pleine opinion, comme un héros dans son armure.

Maintenant, qu'est-ce que son critique? Sa vie n'est-elle pas le contre-moule de celle du poète? La vie si une, si entière de Chénier, de cet homme tout d'une pièce, n'est-elle pas la plus cruelle satire, le plus fâcheux contraste, une accusation directe et personnelle, une condamnation de tous les jours, de toutes les heures, complète et fatale de cette existence d'échantillon, plus bariolée, plus bigarrée, plus faite de pièces et de morceaux que l'habit d'Arlequin? Quoi de plus importun à la bassesse que la grandeur, de plus odieux à la servilité que l'indépendance, de plus impardonnable à l'apostasie que la fidélité!

Ce critique est l'élève d'une école ignoble; il a appris son métier littéraire au *Courrier des Théâtres*; il a fait là ses premières armes; digne élève de son maître, il l'a surpassé autant qu'Achille a surpassé Chiron. Après s'être nourri dans cet antre, non de la chair des ours, mais de pauvres comédiens qui ne pouvaient racheter leur peau de ses flèches, il arriva tout élevé au *Figaro*; et là, sous M. Nestor Roqueplan, il fit une guerre radicale à la restauration. Le lendemain, il déserta à l'ennemi, passa avec armes et bagages à la *Quotidienne*, ou plutôt il continua de combattre en même temps dans les deux camps; rouge ici, blanc là-bas, attaquant la royauté avec le bois vert de Figaro, exorcisant la révolution avec l'eau bénite de Bazile, demandant l'insurrection d'une main, les coups d'état de l'autre, et recevant des deux. C'était *un peu beaucoup*, pour parler sa langue, de versatilité d'esprit, beaucoup trop sans doute; ce n'était pas assez. Il trouva moyen d'être encore d'un troisième parti entre ces deux extrêmes. Il entra, toujours en même temps, au *Messager des Chambres*, journal métis du ministère Martignac; et après 1830, il fut naturellement du juste-milieu. Il fit alors son *trou*, comme il l'a dit lui-même, dans le journal qui lui convenait le mieux, dans le journal du gouvernement.

On le voit, il n'est pas un parti que cet écrivain n'ait servi et lâché tour à tour, pas une cocarde dont ce caméléon n'ait réfléchi la couleur, pas une idée dont il n'ait écrit du bien et du mal, pas un homme qu'il n'ait léché et mordu, pas un dieu qu'il n'ait adoré et maudit. Raconter toutes les défections, tous les reviremens de sentiment et de pensée, d'opinion et d'affection de ce type des rénégats serait le treizième travail d'Hercule ; ce serait l'Illiade de la mobilité, l'épopée de la trahison. Cet homme, il faut en faire justice enfin, il faut dire une fois ce que tout le monde en pense, est le représentant, l'idéal, la honte même de cette école honteuse qui a surgi du bas de la presse de la restauration, comme la vase monte du fond des lacs pendant le mauvais temps ; c'est l'expression la plus complète de cette littérature sceptique et pourrie, hostile à tout et prostituée à tous, sans cœur ni âme, hargneuse et lâche, égoïste et avide, qui n'a d'autre but , d'autre vœu, d'autre foi que l'argent; oui, c'est le chef de ces enfans perdus de la pensée, de ces *bravi* de la presse, âpres au gain, insatiables de lucre, qui, s'escriment au jour le jour, au profit de qui les paie, comme ces routiers mercenaires qui s'engageaient et se battaient au service de leur solde, n'avaient pour patrie que le salaire, pour honneur que la bourse et pour drapeau que l'argent.

Qui n'a-t-il pas vendu ? qui n'a-t-il pas livré ? partout et toujours apprenti de son maître, il n'a pas écrit une seule ligne désintéressée, et il ose se dire prince de la critique ; il n'en est que le Judas. Lui, prince, ayant pour sujets donc tous ceux qui jugent, Rolle, Sainte-Beuve, Merle, Chaudesaigues, Achard, Thierry, Lucas Gautier, Pelletan, Rabou, Maquet, Arago, Laverdant, Forgues, et tant d'autres qui valent mieux que lui, les uns par la raison, les autres par l'esprit, tous par la conscience. Lui, prince ! allons donc !... Quelle autorité a-t-il, peut-il avoir, à rebours qu'il est sans cesse de toute justice et de toute raison ? Quand a-t-il émis une critique sérieuse, utile, honnête même, ennemie du mal, amie du bien ? quelles leçons, quels conseils a-t-il jamais donnés ? quels progrès a-t-il fait faire ou seulement voulu faire faire à l'art ? quelle gloire mûre a-t-il respectée ? quelle jeune gloire a-t-il aidée ? citez-moi une œuvre, un nom qu'il ait épargnés ? Il a tué Escousse, il a flétri Moreau, il a insulté Béranger comme Chénier. Les jeunes et les vieux, les vivans et les morts, les plus petits et les plus grands, il les a tous atteints de sa dent corrosive, il les a tous souillés de sa bave enragée ; tous, excepté un pourtant, un seul, excepté Deburau. Oui, de tous les beaux et bons esprits de notre temps, les Lamennais, les Georges Sand, les Lamartine, il a honoré Deburau ! Deburau a été son *Childebrand*, son grand homme, son héros de prédilection, l'objet de ses bénignités, de ses complaisances et de ses fidélités ; Pierrot a eu toute l'estime de Paillasse ; le saltimbanque a écrit la vie du funambule ; le critique a été l'historien de Deburau. Par malheur tous ceux qu'il abat grandissent, et tous ceux qu'il élève tombent : on ne parle plus de Deburau depuis qu'il en a parlé, et l'on n'oublie ni Moreau, ni Béranger, ni Chénier.

Dans le journal du juste-milieu, cet homme n'a donc fait qu'augmenter ses volte-faces et ses perfidies ; il n'en pouvait être autrement. Combien de fois il signa l'éloge chez lui, et masqua l'attaque ailleurs ? Combien de fois il sortit de son trou où il avait crié : « Vive le roi Midas ! » et s'en alla dire tout bas aux roseaux de la légitimité et de la république : « Midas, le roi Midas a des oreilles d'âne ! » C'est ainsi qu'il portait à Carrel un article anonyme sur ce bon M. Viennet qui se trouvait caressé d'une main et éreinté de l'autre. On connaît la préface d'un certain livre, ce soufflet sanglant donné à la dynastie dont il mendia ensuite le pardon dans un *Voyage à Fontainebleau*, dans un *Almanach de Versailles*, rachetant ainsi une préface d'injures par deux volumes de flatteries, et obtenant, au lieu de pardon, une insigne vengeance, la croix d'honneur, cette croix qu'il porte, non comme le Seigneur, mais comme le larron, en l'ayant méritée.

Et ne croyons pas que tout cela soit chez lui, comme le disent les indulgens, inconstance d'humeur, indépendance de caractère ; on l'a vu aux *Burgraves* se lamenter d'être soumis, bon gré malgré, au respect de M. Hugo. Non, il n'y a chez lui ni témérité ni caprice. Ce *gamin* de la presse, comme on l'appelle à tort, est un homme ; l'enfant est majeur, pour le mal du moins ; il a tout à fait l'âge de raison ; il calcule et calcule bien ; n'écrit point au hasard, et ne pense rien à l'instant. Sous une apparence de naïveté, d'inspiration et d'étourderie, nul n'est moins spontané, moins prime-sautier, plus prémédité que lui. Quand il a fait, ou plutôt quand il a *édité* sa fameuse préface en 1831, la dynastie était chancelante ; quand il demanda la croix d'honneur, elle était consolidée ; tout dans sa conduite mobile est donc d'une volonté fixe, continue, délibérée ; tout a un but, une règle, un résultat ; résultat positif, but d'égoïsme, règle d'intérêt.

Façonné de bonne heure aux vénalités de son premier journal, il a conservé toute sa vie les habitudes sordides qu'il y avait contractées, qui consistent à tirer parti de tout et à ne jamais écrire pour rien. Il a vraiment fait de la littérature *métier et marchandise* ; il a tenu boutique de prose de tout genre et à tout prix ; il a composé des préfaces et des postfaces, des prospectus et des articles pour tous les libraires, sur tous les livres, jusques aux livres de bouche. J'ai lu hier encore un feuilleton de lui sur les œuvres de Carême, en français de cuisine. Enfin ce n'est plus l'homme de lettres, c'est le marchand de copie, c'est l'écrivain public avec de la honte de plus, car il vend sa pensée par dessus le papier. Voulez-vous une page pour ?—c'est tant.—Une page contre ? — c'est encore tant. — Qui faut-il frapper ? Qui faut-il flatter ? Parlez, faites-vous servir ? Ennemis, amis, étrangers, parens, tout est en vente, au plus offrant ; il trafique de ses sentimens comme de ses passions, de sa famille et de lui-même. Il a livré sa maîtresse en deux volumes in-12 ; sa tante à peine morte a été vendue in-8° ; sa femme, sa femme légitime, a été rédigée toute vive en feuilleton ; oui, il a écrit jusqu'à son mariage, vous vous en souvenez. Les arcanes du foyer, les joies les plus intimes, les mystères les plus saints, les secrets les plus murés de la vie privée, il a tout étalé, tout publié sans vergogne, jusqu'au fond de son alcove, jusqu'à son lit de noces. Parodiant ainsi cette reine de la tour de Nesle qui jetait, la nuit, par la fenêtre, ses amours dans la Seine, il les a jetés le matin, lui, dans son journal. La Seine les recouvrait du moins, c'était plus honnête. Ah ! nous sommes sans pitié contre celui qui n'a eu pitié de personne, pas même des siens, qui exposera jusqu'à ses enfans, s'il en a !

Buffon a dit : le style c'est l'homme ; or, le style est faux, bouffi, confus et louche ; c'est une obésité de mots qui simule la force, une pléthore qui dénonce les scrofules, une confusion, un désordre qui n'est pas un effet de l'art, un fatras de paradoxes, d'idées perverses et gâtées, un tas d'absurdités où le sens se perd, où la pensée se noie, un abîme de contradictions où n'ont plus pied ni la morale ni la vérité; une langue déraisonnable, déréglée et dissolue, qui a eu d'abord son bruit de scandale, son succès d'étonnement comme tout ce qui est extravagant, éhonté, impossible, le succès dés nudités ou des mascarades, de tous les cynismes, remplacé vite par le mépris et le dégoût qu'inspirent l'impudence et la folie. Ainsi tous ses libraires ont fait banqueroute. Il a vendu son premier roman à l'un qui a fermé boutique, son second à un autre qui a failli, le troisième au plus malheureux qui en est mort ; et il en est réduit, lui, maintenant à se faire illustrer, à faire des livres d'images pour Curmer. Beaumarchais disait : « Tout ce qui ne vaut pas la peine d'être dit, on le chante. » A présent tout ce qui ne vaut pas la peine d'être lu, on l'illustre. Ce n'est plus l'esprit qui vivifie la lettre, c'est l'image. L'image est aux auteurs vivans ce que le fard est aux vieilles femmes, ce que l'embaumement est aux morts ; il ne lui manque plus qu'un fauteuil à l'Académie au lieu et place de Béranger.

Certes, un tel homme de lettres, et il n'est là qu'esquissé, personne n'en pourrait peindre ni supporter le portrait, un tel homme devait être l'ennemi né du poète de la patrie, du Tyrtée de la Convention, de ce génie spartiate, l'ami, l'émule de David, qui ne chantait comme l'autre ne peignait que pour la France, qui combattait pour elle avec sa lyre, son arme à lui, qui charmait la victoire par ses vers , et qui a gagné plus de batailles avec le *Chant du départ* que les chefs de guerre avec leurs épées; de Marie-Joseph Chénier enfin, l'homme stoïque qui ne fut jamais du parti *des dieux*, mais toujours du parti de Caton, plus grand que Caton lui-même ; car après ses rêves déchus, ses illusions détruites, ses idées vaincues, la république à bas et la tyrannie relevée, il avait bien le droit du désespoir ou du repos, du suicide antique; et il persévéra : il avait bien le droit de se taire ou de s'écrier comme Caton : « la vertu n'est qu'un mot, » et il fit Cnéius, cette incarnation vivante de la vertu; et il protesta jusqu'à la fin, de toutes ses forces, par tous ses vers, de sa foi, de son inaltérable foi dans la vertu et dans la liberté.

Allons critique, dépose tes ordures au long du monument! Aussi, notre homme a-t-il versé toute l'âcreté de sa bile, tout son poison, toute son âme sur cette pure gloire. Il s'en est pris à la tragédie de *Tibère*, la meilleure œuvre de l'auteur. Mais il a crevé dessus son amer et il s'est noyé dans son fiel. La rage est aveugle et la fureur stupide ; il n'en sait plus ce qu'il fait ni ce qu'il dit. On croit voir une de ces bêtes brutes qui ont le lambeau de pourpre devant les yeux, qui se battent les flancs dans le vide, la poussière et l'écume, et ne frappent que l'air de leurs cornes. C'est un tourbillon d'erreurs de tout genre, de fautes d'histoire et de fautes de langue, de mensonges, d'équivoques, de redites, d'in- et conséquences, d'anachronismes et de contresens. Jamais ce prodigue de mots, ce grand diseur de riens, ce volcan d'épithètes n'a lâché plus de cendres et de fumée, plus d'expressions vides, de locutions vaines, obscures et absurdes; une telle lave de phrases nulles, abondantes, stériles, incohérentes, incompréhensibles ; jamais il n'a délayé une plus mauvaise pensée en plus mauvais style. La forme cette fois vaut le fond : c'est un robinet d'eau trouble, une de ces rinçures de bouteille, fade, plate et pâle comme de l'abondance de collége qui sent l'évent et révolte le goût aussi bien que la vue. Jamais il n'a été plus lui-même, plus plein de cette faconde prolixe, de cette loquacité de pie, de cette verve creuse et crevée, de ce flux malade de paroles flasques, relâchées, intempérantes et intolérables. Non, le susurrement du moucheron, le bavardage du moulin, le ronflement des toupies et des diables, tout ce qui est bourdonnant, redondant, assourdissant, ne sont pas plus exorbitans. Il a été atroce comme il l'est, comme seul il peut l'être quand il veut, et comme on ne peut le faire comprendre qu'en l'imitant.

Ainsi, il commence par reprocher au *Tibère* d'être une vieille tragédie. Ah! critique éclairé qui voyez si bien la paille du voisin, ne voyez-vous pas votre poutre? ne voyez-vous pas que vos cheveux se raréfient et que votre esprit fait depuis longtemps comme vos cheveux? ne voyez-vous pas que vous êtes déjà plus vieux qu'il ne faudrait pour trouver que les autres ne sont pas jeunes ? Oui, critique, plus vieux de votre vivant que les autres après leur mort; oui, vieux critique, et avec cette différence encore que vous l'avez toujours été.

Vous reprochez ensuite à l'auteur de ressembler à Voltaire! quel malheur! Ah! pauvre critique, que vous seriez heureux de ce malheurlà! Ah! si on voulait dépecer vos rapsodies à leur tour, découdre un peu vos guenilles, les œuvres du temps de votre *jeunesse*, analyser votre gros roman historique par exemple, que vous resterait-il de cet examen, à vous qui trouvez que les autres copient? vous qui faites mieux que copier, qui empruntez, qui avez pris de tout le monde pour composer ce livre, les vers de Barbier, la prose de Quinet, votre *fameuse préface* de Béquet, que par reconnaissance, sans doute, vous avez rendu ridicule en le comparant à Mirabeau je ne sais où; et tant d'autres morceaux de tant d'autres auteurs? que vous resterait-il donc pour votre part de ce fils de tant de pè-res, de cette œuvre à mille carreaux comme votre souquenille et votre conscience?

Vous reprochez de plus à l'auteur, que ne lui reprochez-vous pas? d'avoir choisi l'abominable Tibère pour héros de sa tragédie. D'abord Tibère est le sujet et non le héros de la tragédie. Mais ce qui est plus curieux, c'est que pour mieux blâmer le poète d'avoir choisi un tel *héros*, vous tracez vous-même le portrait de Tibère et paraphrasez, dans deux mortelles colonnes de longue prose, les beaux vers si concis de Cnéius sur l'empereur. Vous jetez le vin de Chénier dans votre seau d'eau. Ah! critique mal appris, on ne dit pas de mal de ceux que l'on vole, on n'hérite pas de ceux que l'on tue.

Mais en voilà bien d'une autre, imprudent, vous copiez tellement votre ennemi, que vous devenez, sans vous en douter, républicain -vous-même, que vous vous exclamez, comme Cnéius, contre l'éta-blissement du trône des Tibère et des Néron par dessus les répu_bliques. Chénier n'eût pas mieux dit? qu'en diront vos maîtres? Quoi! vous voilà contre la tyrannie pour la liberté, vous qui étiez tout à l'heure contre la liberté pour la tyrannie! Ah! critique péril-leux, tenez-vous mieux sur votre corde.

Une grande objection que vous faites ici à l'auteur, c'est d'avoir employé, pour effrayer Tibère, le moyen d'un sénat tout soumis à Tibère. Nous qui connaissons le César aussi bien que vous, soit dit sans modestie, n'est-ce pas? nous soutenons malgré vous que le moyen est bon. Ne vous souvient-il plus que Tibère a été étouf_fé à Caprée, et qu'il y avait des sénateurs sur le matelas.

Vous dites plus loin, avec votre exactitude reconnue, que le Théâtre-Français a bien fait de supprimer dans cette pièce les en-fans d'Agrippine. Ah! pour le coup, je ne sais comment dire que

vous vous trompez.... ou vous mentez, ou vous n'avez pas vu la pièce... il vous arrive assez de parler sans voir. Il y a, ne vous en dé-
plaise, les enfans de Germanicus autour d'Agrippine. Ah! critique
hasardeux, que vous manquiez de raison, d'esprit, c'est possible,
mais de sincérité! Ah! ça, mais vous manquez donc de tout, même
de lorgnette.

Maintenant, de plus fort en plus fort, comme chez le Nicolet que
vous aimez tant; entendez-vous un peu avec vous-même, nous y
renonçons. Tout-à-l'heure Chénier copiait le vieux Voltaire et c'é-
tait pour vous son tort; il devait copier le jeune Racine, c'eût été
son mérite; et voila qu'à présent il copie Racine et qu'il a toujours
tort. Selon vous, le Séjan de Chénier est *ignoble*, et on lui préfère le
vil Narcisse de Racine. Quelle grande différence faites-vous donc
entre le *vil* et l'*ignoble*. Si Racine a eu raison de mettre le *vil* Narcisse en scène, comment Chénier peut-il avoir eu tort d'y mettre
l'*ignoble* Séjan?... Ah! casse-cou de critique, tenez donc mieux
votre balancier.

Nous ne sommes pas au bout des contradictions, hélas! ce feuilleton n'en est qu'une immense d'un bout à l'autre!... Ainsi vous af-
firmez d'abord que la terreur romaine n'est pas dramatique, que le
drame n'a rien à tirer des Tibère et des Séjan, et puis vous nous
dites, quatre lignes plus bas, que Séjan a été le héros du plus ter-
rible drame qu'ait raconté Tacite. Quelle logique, quel gâchis!
Ah! critique acrobate, mettez du blanc sous vos souliers.

Passons la comparaison fantastique, que vous faites de la lettre
de Tibère, à une symphonie funèbre pleine d'ophicléides, comme
celle de M. Berlioz apparemment; nous ne nous attendions guère
à rencontrer l'ophicléide en cette affaire. Mais cela rentre dans la
musique et c'est une flatterie, sans doute, pour la fille de la mai-
son. Passons aussi sur la queue de Voltaire, qui est une comète en
zig-zag et autres gentillesses de même farine.

Arrivons d'un saut au reproche si grave, si savant, si fondamen-
tal, que vous faites au père de Cnéius, de ce qu'il demande pardon
de son crime à son fils. D'abord, vous vous créez des fantômes
pour avoir le plaisir de les combattre : Pison ne demande pas grâce
à son fils, il lui avoue seulement son crime et ses remords pour
le détourner du service de Tibère; mais supposons que vous ayez
dit vrai; vous nous donnez là une belle théorie à perte de vue su

le droit du *père de famille* à Rome. Vous parlez comme les institutes, et à vous seul mieux que les deux professeurs de droit romain ; vous jurez que Corneille n'aurait pas commis la faute d'humilier le vieil Horace devant ses fils ; mais vous oubliez que vous venez de dire un peu plus haut qu'il n'y avait plus de république , plus rien de Rome, ni vertu, ni courage, ni droit. Vous ne comprenez donc pas que les vieilles mœurs sont parties avec les vieilles lois; les pères de famille avec les dieux; que les empereurs ont remplacé les consuls, les Césars, les Horaces, le code prétorien, la loi de pierre des douzes tables; vous ne comprenez donc pas que l'empire, c'est le droit nouveau à la place du droit antique, le commencement des idées nouvelles, chrétiennes, du repentir, du remords, de la conversion du vieux monde. Enfin, vous ne comprenez pas que Jésus vient de mourir tout exprès pour accomplir cette grande révolution, et vous n'avez pas le droit de ne pas le comprendre , car vous venez de répéter, de redire, de ressasser à satiété dans les flots de votre prose infinie, cela même que Chénier dit d'un seul vers, bref comme la prose de Tacite:

Où sont-ils les Romains? dans les tombeaux de Rome.

Enfin, le dernier défaut, le défaut suprême que vous trouvez dans *Tibère*, c'est la plus belle figure de cette belle tragédie , le fils de Pison, Cnéius, lui-même. Cnéius, est, selon vous, le cousin de Britannicus, moins l'amour. Et, d'abord, qu'est-ce qu'un cousin moins l'amour? Mais ne nous arrêtons pas à ces vétilles. Vous blâmez Cnéius d'aimer son père, et d'aimer plus encore la vertu. Quelle critique !... Ah ! Paillasse, mon ami, cela passe la plaisanterie, même dans le journal du gouvernement ! Quel défaut d'aimer la vertu ! comme le naturel perce ! Vous ne voyez pas ce qu'il y a de dramatique dans ce contraste de la vertu antique de Cnéius, opposée au crime incarné en Tibère ! Vous vous demandez : A quoi bon ce dévoûment? où est le résultat de cette vertu? quel mal il doit en advenir à Tibère? quel bien à Cnéius? Vous ne voulez pas absolument qu'on soit vertueux, surtout qu'on le soit pour rien ; vous le voulez tout au plus quand cela peut servir; non, vous ne comprenez pas le : *Fais ce que dois, advienne que pourra.* Vous ne comprenez pas la nécessité et la fatalité du devoir, la logique de l'honnêteté, la protestation *quand même* de la vertu contre le crime. Vous ne comprenez pas que le suicide, ce *donc* suprême de Cneïus, servira tôt ou tard contre Tibère, et que si l'empereur peut souper ce jour-là à Rome au milieu de *ses maîtresses*, il mourra demain à Caprée au milieu de ses préteurs. Ah! dernier des critiques, vous ne comprenez donc rien!

Pour racheter tant de turpitudes et de sottises, pour faire passer l'odieux et le ridicule de cette diatribe, le critique termine adroitement ce mémorable feuilleton par le panégyrique complet d'un autre poète que la France vient de perdre, et que nous honorons, nous aussi, mais que nous n'avons jamais insulté; il célèbre comme il convient les mérites et les titres de Casimir Delavigne. Rien de mieux, s'il ne l'avait attaqué cent fois pendant sa vie; mais il avait besoin cette fois d'une enveloppe respectable pour adresser ses injures à Chénier. Certes, Casimir Delavigne, ce poète qui est à coup sûr de la tradition de Chénier, qui a puisé son talent aux mêmes sources, qui a chanté comme lui la patrie et la liberté, eût répudié les éloges qu'il recevait aux dépens d'un de ses maîtres. Si quelqu'un a tenté de continuer l'école française après Chénier, c'est Casimir Delavigne; ce n'est donc pas une justice littéraire qui lui a été rendue. Le critique du juste-milieu n'a pas loué l'auteur des *Messéniennes*, mais l'auteur de la *Parisienne*; il lui reste encore assez d'intelligence pour savoir que Chénier et Delavigne sont de même souche, et qu'il n'y a de différence entre eux que celle qui existe entre Louis XI et Tibère, entre la *Parisienne* et le *Chant du Départ*.

Si donc il n'y avait eu qu'une question d'art là-dessous, nous aurions laissé cette jonglerie du lundi s'en aller rejoindre les autres sans l'arrêter au passage. On est habitué aux passe-passe hebdomadaires de cet écrivain; un mauvais article de plus ou de moins, qu'importe dans le nombre? c'est comme la dette anglaise, on ne compte plus depuis longtemps, depuis surtout qu'il est marié; mais ce n'est pas qu'un mauvais article, c'est une mauvaise action. Arlequin s'est fait homme politique, il a fait de son feuilleton un *premier-Paris*, une sorte de manifeste à la Brunswick contre la révolution. Il saisit l'occasion de Tibère pour tirer avec son sabre de bois aux jambes des plus grands hommes de la République. Oui, dans sa démence, il confond, il mêle tout, le blanc et le noir, le feu et l'eau, les faits et les temps les plus hétérogènes et les plus contradictoires : Tibère a un bonnet rouge, Claude est Girondin et Néron montagnard. L'empire romain devient la République française, les douze Césars sont la Convention; c'est du délire. Enfin, qui le croirait, dans le paroxisme de sa folie, il trouve que les empereurs représentent les affreux héros de la montagne, que Tibère ressemble à Robespierre et à Danton par ses crime de toute sorte et ses *peurs incessantes*. Les peurs incessantes des héros de la Montagne ! il trouve que la *peur* domine tout dans la Rome impériale comme dans la France républicaine. La peur! Allons, bouffon, fais-nous rire, amuse-nous, si tu peux, dis-nous tes sornettes de la semaine, parle-nous de ton ménage, de tes levrettes, de tes duels à la batte; parle-nous encore de Deburau; mais ne touche pas à ces grandes choses, à ces grands noms! Reprocher la peur à quelqu'un, lui, et aux hommes de la Révolution, ce temps de courage de tous les partis, et à quels homme, encore; à Danton, que l'on ne connaît que par ces mots : *de l'audace, toujours de l'audace*; à Danton et à ses pairs, ces géans qui n'ont péché que par l'excès, à qui leurs ennemis peuvent tout reprocher excepté la peur; ces Titans qui ont escaladé l'Olympe des rois et bravé jusqu'à Dieu! Ah! taupe qui nie la France Républicaine, ce soleil dont Bonaparte lui-même a dit : Aveugles sont ceux qui ne la reconnaissent pas ! Ah ! critique qu'on ne croyait que myope et qui est donc aveugle ! la France de Danton, de Robespierre et de Carnot ! Ah ! serpent qui mord les limes ! Ah ! lièvre effronté qui calomnie les lions !

O race antique, race d'Antée, vaillans fils de la terre, vaillans hommes de la France, demi-dieux de la Convention, vous qui combattiez dans les tonnerres, qui jetiez votre sueur et votre sang, qui mourriez enfin avec tant d'efforts et de sacrifices pour assurer à cet homme le droit d'écrire en liberté et de vous insulter impunément; vous qui versez encore vos torrens de lumière sur cet obscur blasphémateur, vous qui avez dévoué, pour notre salut à tous, jusqu'à votre mémoire à l'exécration de l'avenir, et dont le dévoûment, Dieu merci, sera moins grand que vous ne pensiez; vous pour qui la postérité se ravise et la réhabilitation commence, consolez-vous ! car, vous le voyez, ce ne sont déjà plus les chefs de parti qui vous attaquent aujourd'hui; les Thiers, les Mignet, les

Guizot même vous reconnaissent dans l'histoire; il n'y a plus que les bouffons et les goujats de l'armée après votre gloire; il n'y a plus que Thersite pour outrager Hector!

Mais à quoi bon tant le défendre et tant l'accuser? où me laissé-je emporter moi-même; et pourquoi lui en vouloir? Il faut lui pardonner comme à tous ceux qui ne savent ce qu'ils font, les malheureux! Il faut cacher les plaies qu'on ne peut guérir. Je frappe quand je devrais plaindre. Un homme est accroupi dans le ruisseau; il se traîne en insensé et s'ébat des deux mains au milieu de la boue; il éclabousse tout ce qui passe. Vous vous approchez de lui avec colère pour vous venger, et vous voyez qu'il n'a pas de jambes. Alors la colère cède à la pitié, l'indignation à la compassion; et vous lui tendez la main pour le retirer de la fange; cet homme est estropié, il est infirme. Eh bien! en voici un autre accroupi monstrueusement aussi dans son journal, se servant de sa plume pour gâter et salir tout ce qui est bon, tout ce qui est beau, pour éclabousser tout ce qui est pur, pour avilir tout ce qui est grand, pour tacher de son encre infâme toute toge consulaire, un homme indifférent, étranger, ennemi même à toute sympathie, à toute générosité, à toute humanité; vous vous approchez pour le châtier, vous le saisissez au corps, et vous ne sentez rien battre dans sa poitrine, rien, ni à droite ni à gauche, d'aucun côté, sous aucune des deux mamelles; c'est un infirme aussi, un estropié, un incurable, cent fois plus à plaindre, plus à déplorer, plus à pardonner que l'autre... Il lui manque le cœur!

FÉLIX PYAT.

www.ingramcontent.com/pod-product-compliance
Lightning Source LLC
Chambersburg PA
CBHW071658030726

47598CB00005B/2128